Staat

- Gebietskörperschaften: Bund, Länder, Gemeinden und Gemeindeverbände (Ämter, Kreise, Bezirks- und Landschaftsverbände usw.)
- Zweckverbände und Organisationen ohne Erwerbszweck, deren Mittel vorwiegend aus öffentlichen Zuschüssen stammen
- Sozialversicherung (gesetzliche Rentenversicherung, knappschaftliche Rentenversicherung, Zusatzversorgungseinrichtungen für den öffentlichen Dienst, Altershilfe der Landwirte, gesetzliche Krankenversicherung, gesetzliche Unfallversicherung gesetzliche Arbeitslosenversicherung, gesetzliche Pflegeversicherung

Banken

- sind private Unternehmen
- Anlegen von Sparbeträgen, Ausgabe von Krediten zur Konsum- und Investitionsfinanzierung

Ausland

- Exporte, Importe, Geldübertragungen

Diese Gruppen werden untereinander aktiv durch ...

    die Produktion von Waren und Dienstleistungen,

    deren Konsum,

    die Vermögensbildung,

    die Kreditbildung.

Um die Leistungskraft eines Wirtschaftsraums zu messen, wird der Geldwert aller in einer Periode gemessenen Aktivitäten zusammengefasst und ihre Beziehungen zueinander (Waren-, Leistungs- und Geldströme) aufgezeigt.

1.) Ordnen Sie die folgenden Institutionen den Wirtschaftssektoren Unternehmen, private Haushalte, Staat, Banken und Ausland zu!

Institutionen	Sektor
Gemeinden und Gemeindeverbände	**Staat**
Volksbank Dresden eG	**Unternehmen (auch: Bank)**
Rotes Kreuz e. V.	**private Haushalte**
Adam Opel AG	**Unternehmen**
AOK Dresden	**Staat**
DAG und DGB	**private Haushalte (Organisation ohne Erwerbszweck)**
Max Muster, Vollerwerbslandwirt	**Unternehmen**
Freistaat Sachsen	**Staat**
Sportverein Loschwitz e. V.	**priv. Haushalte (private Organisation ohne Erwerbszweck)**
Zahnarztpraxis Dr. Müller	**Unternehmen**

Die Wirtschaftspolitik in der sozialen Marktwirtschaft

1 <u>Der Wirtschaftskreislauf</u>

Um das komplexe, aus einer Vielzahl von Einzelaktionen resultierende wirtschaftliche Geschehen in einer Volkswirtschaft durchsichtig zu machen, wird das Kreislaufmodell benutzt.

Im Wirtschaftskreislauf werden alle Beteiligten nach der Art ihres wirtschaftlichen Handelns in folgenden Gruppen (auch: Wirtschaftssektoren, Pole, Stationen) erfasst:

private Unternehmen

- Wirtschaftssubjekte, die Güter und Leistungen gegen Entgelt anbieten
- z. B.: Produktionsunternehmen, Versicherungsunternehmen, landwirtschaftliche Betriebe, Handwerksbetriebe, Ein- und Verkaufsvereinigungen, Arbeitsstätten der freien Berufe, die Deutsche Bundesbahn, die Deutsche Bundespost, Wohnungsvermietung

private Haushalte (Einzelhaushalte, Familienhaushalte)

- private Organisationen ohne Erwerbszweck (Kirchen, religiöse, weltanschauliche, karitative, kulturelle, wissenschaftliche und im Erziehungswesen tätige Organiationen, soweit vorwiegend aus privaten Haushalten und aus Vermögenserträgen finanziert)
- politische Parteien
- Gewerkschaften
- Vereine
- Institute

2.) Welche der mit 01 bis 10 gekennzeichneten Geldströme treffen auf die folgenden Zahlungsvorgänge zu?

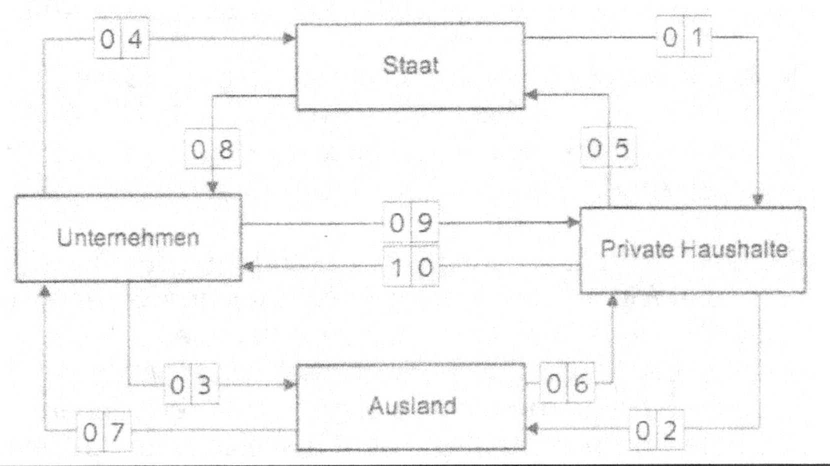

Das Unternehmen kauft bei einem Händler in Russland ein.	**0 3**
Privatkunden kaufen beim Unternehmen ein.	**1 0**
Das Finanzamt zahlt einem Mitarbeiter Wohngeld.	**0 1**
Die Stadtverwaltung überweist den Rechnungsbetrag an das Unternehmen.	**0 8**
Das Unternehmen überweist Steuern an das Finanzamt.	**0 4**

Witz: Frage: Worin unterscheiden sich ein Optimist und ein Pessimist?
Antwort: Der Optimist lernt englisch, der Pessimist chinesisch.

2   Die Wirtschaftsordnungen

2.1   Die Grundprobleme jeder Wirtschaftsgesellschaft

Jede Gesellschaft braucht gewisse Regeln (Gesetze, Rechte, Sitten, Bräuche, Gewohnheiten, ...), damit das soziale Zusammenleben seiner Mitglieder ohne größere Konflikte ablaufen kann.

Die Gesellschaftsordnung wird beschrieben durch …
- … die Wirtschaftsordnung (= alle für den organisatorischen Aufbau und die wirtschaftlichen Abläufe einer Volkswirtschaft geltenden Regeln, z. B. Kartellrecht und UWG),
- … die Rechtsordnung (= alle geltenden rechtlichen Normen),
- … die Sozialordnung (= Art und Weise, wie die Gesellschaft ihre Mitglieder gegen die Folgen von Arbeitslosigkeit, Krankheit usw. schützt, z. B. Hartz IV, Wohngeld).

Die Nacht war kurz, denn am nächsten Morgen mussten wir früh raus, um den Patienten aus dem Hotel abzuholen. Wir sollten noch am Abend in Schweden eintreffen. Der Weg ins Krankenhaus führte uns durch die Rushhour von Islamabad. Wir konnten uns kaum sattsehen. Überall fuhren Menschen auf bunt bemalten Mopeds durch die Gegend. Verkehrsregeln schien es nicht zu geben. Der Lärm der Metropole drang durch alle Ritzen unseres Taxis. Man kaufte, verkaufte und trieb sonstigen Handel. Dabei schienen die Menschen ihren Emotionen freien Lauf zu lassen. In unserem Land wäre eine solche Umgangskultur undenkbar, in Islamabad schien das Sich-gegenseitig-Anschreien an der Tagesordnung zu sein.

Plötzlich sahen wir eine Menschenmenge, die interessiert um irgendetwas herumzustehen schien. Beim Näherkommen wurde uns klar, dass es sich um einen verunfallten Mopedfahrer handelte, der bewusstlos auf der Straße lag und blutete. Keiner schien ihm helfen zu wollen. Die Menschen rätselten offenbar nur, wie sie den Mann von der Straße herunterbekommen sollten, damit der Verkehr weiter seinen chaotischen Lauf nehmen konnte. Glücklicherweise sprach unser Taxifahrer ein paar Brocken Englisch. Doch danach gefragt, ob man nicht bis zum Eintreffen der Ambulanz Erste Hilfe leisten solle, schaute er uns belustigt an und sagte: »Ambulance? No ambulance! No money, no hospital!«

Ich musste lernen, dass man die Menschen einfach auf dem Boden liegen lässt. Wer kein Geld hat, der bekommt auch keine medizinische Hilfe. Und offenkundig entschied der umstehende Mob darüber, ob die hilflose Person auf dem Boden nach Geld aussah oder nicht. Ich wollte aussteigen und helfen, aber der Taxifahrer lachte mich nur aus und setzte seinen Weg unbekümmert fort.

aus: Falk Stirkat „Ich kam, sah und inturbierte",
Seiten 248 und 249

Das US-amerikanische Denken ist durchgehend kapitalistisch ausgerichtet. Es gibt in Bildung, Medizin und Kultur großartige Angebote, aber eben nur für die, die sich das auch leisten können. Im Bildungsbereich gibt es zusätzlich die Chance, etwas zu werden, wenn man überdurchschnittlich begabt ist. Unser deutsches Sozialsystem dagegen ist so organisiert, dass ein Starker verpflichtet ist, auf seinen Schultern einen Schwachen mitzuschleppen. In dieser Sichtweise bin ich erzogen, und ich halte das für eine faire Lösung. In den USA rennt jeder, unbeschwert von sozialer Rücksichtnahme, so schnell er kann, die anderen hinken nach, bleiben zurück oder kommen erst gar nicht in die Hufe. Da muss jeder selber sehen, wo er bleibt. Die amerikanischen Politiker haben zwar die Glücksfindung ihrer Bürger (»the pursuit of happiness«) in die Verfassung aufgenommen, aber sie sind bei der Suche danach wenig hilfreich. Wo der Deutsche nach »dem Staat« ruft, weiß der Amerikaner, dass sich bei einem entsprechenden Hilferuf sowieso niemand melden würde.

Ich habe erschreckende Beispiele von Ungerechtigkeit in einem Land erlebt, das sich selbst gern »God's own country« nennt und sich auch in Anfällen von Bescheidenheit zumindest für »great« hält. Als ich einen Studienfreund meines Sohnes einmal über längere Zeit nicht sah und nach ihm fragte, bekam ich eine Erklärung, die mich schockierte: Er hatte die Universität verlassen müssen, weil sein Bruder schwer erkrankt war und sich die Eltern zwischen der medizinischen Versorgung des einen und der Ausbildung des anderen Sohnes entscheiden mussten. Später habe ich erfahren, dass der eine Junge gestorben war und der andere nun im Supermarkt Kisten stapelte, um gemeinsam mit den Eltern die aufgelaufenen Krankenhauskosten für den toten Bruder begleichen zu können.

Textauszug rechts:
Thomas Gottschalk „Herbstblond", Seite 294

Als Forscher bringt ihn die Sportbürokratie richtig in Wut, als sie die Eisschnellläuferin Claudia Pechstein auf Jahre wegen Dopings sperrt. Ehninger wühlt sich durch 1 000 Seiten Akten, legt Gutachten vor und erklärt und erklärt und erklärt. Pechstein ist unschuldig. Nicht Doping, sondern eine seltene Bluterkrankung ist die Ursache für die anormalen Laborwerte. Vergebens. Im Dopingkampf müsse es halt manchmal auch unschuldige Opfer geben – diese Bemerkung eines Pharmakologen war dann entschieden zu viel. Menschenverachtend und totalitär nennt Ehninger das und macht den Skandal öffentlich.

Eine nicht weniger menschenverachtende Entwicklung kann er ein Jahr darauf stoppen. Erfolgreich läuft die Forschung in seinen beiden Firmen, Patente und die große Chance auf die Killerzellen gegen Krebs sind entstanden. Auch eine der großen Pharmafirmen interessiert sich für die Dresdner Entwicklung. Die zwei Chefs aus Dresden fahren hin – und schnell wieder ab. So läuft das nicht mit ihnen. „Die wollten uns einfach nur aus der Entwicklung komplett rauskaufen, mit viel Geld. Das alles wäre dann im Safe verschwunden." Andere, eben mit Milliardeninvestitionen an den Start gebrachte Krebsmedikamente sollten wohl erst einmal verkauft werden.

Ehninger hofft, dass nun mit anderen Partnern in Dresden wieder Medikamente von Weltrang hergestellt werden. Im Forschungsplan stehen bereits Gentherapien gegen weitere Krebsarten und ein Turbo für Immunzellen mit der hundertfachen Wirkung bisheriger Medikamente.

Quelle: Artikel „Beherrscher der Killer-Zellen" in der „Sächsischen Zeitung" (Seite 3) vom 13. April 2018 über den Dresdner Arzt Prof. Gerhard Ehninger

Witz:

Politik ist nur der Spielraum, den die Wirtschaft ihr lässt.

Dieter HILDEBRANDT (1927 – 2013), deutscher Kabarettist

Unabhängig von ihrem Entwicklungsgrad und ihrer institutionellen Ausgestaltung hat jede Wirtschaftsgesellschaft folgende Grundprobleme zu lösen:

① Welche Güter sollen in welcher Menge und Qualität wann hergestellt werden? (Koordinationsproblem)

② Wer hat das Verfügungsrecht über die Produktionsmittel (Technik, Maschinen, Produktionsstätten, Rohstoffe) und entscheidet über ihren Einsatz? (Entscheidungsproblem)

    z. B.: Verstaatlichung von Ressouren ja / nein?

        → Sturz von MOSSADEGH im Iran 1953

        → Militärputsch gegen ALLENDE in Chile 1973

        → Bankenrettung 2008

Wenn Ihnen eine fremde Provinz gefällt und Sie stark genug sind, besetzen Sie sie sofort.

Wenn Sie dies erst getan haben, finden sich immer genügend Juristen, die beweisen, dass Sie ein Recht auf das besetzte Land haben.

FRIEDRICH II. (1712 – 1786), König von Preußen

Damit ziehen wir Nationalsozialisten bewußt einen Strich unter die außenpolitische Richtung unserer Vorkriegszeit. Wir setzen dort an, wo man vor sechs Jahrhunderten endete. Wir stoppen den ewigen Germanenzug nach dem Süden und Westen Europas und weisen den Blick nach dem Land im Osten. Wir schließen endlich ab die Kolonial- und Handelspolitik der Vorkriegszeit und gehen über zur Bodenpolitik der Zukunft.

Wenn wir aber heute in Europa von neuem Grund und Boden reden, können wir in erster Linie nur an Rußland und die ihm untertanen Randstaaten denken.

aus: „Mein Kampf" von Adolf HITLER, in: „Hitler, Mein Kampf – Eine kritische Edition", Seite 1657

Im Jahre 1943 widmete die Wochenzeitschrift *Life* ein ganzes Heft den Erfolgen der Sowjetunion und ging dabei weit über das hinaus, was die Solidarität in der Zeit des Krieges erfordert hätte, ja sie ging sogar soweit, Lenin den „vielleicht größten Mann der neueren Zeit" zu nennen. Zwei Jahre später jedoch, als Harry Truman im Weißen Haus saß, hatte solche Brüderlichkeit keine Überlebenschance mehr. Schließlich war es Truman, der am Tag, nachdem die Nazis in die Sowjetunion einmarschiert waren, gesagt hatte:

„Wenn wir sehen, dass Deutschland am Gewinnen ist, müssen wir Russland helfen, und wenn Russland am Gewinnen ist, müssen wir Deutschland helfen, damit sie gegenseitig so viele Menschen wie möglich umbringen, obwohl ich unter keinen Umständen sehen möchte, dass Hitler den Sieg davonträgt."

aus: „Killing Hope – Zerstörung einer Hoffnung" (2016) von William Blum, Seite 15

William MᴄKɪɴʟᴇʏ (1843 – 1901) war der 25. Präsident der USA (1897 – 1901).

Die älteste Kolonie Amerikas

„Nacht für Nacht, bis um Mitternacht, ging ich in den Fluren des Weißen Hauses auf und ab. Und ich schäme mich, wenn ich Euch, meine Herren, erzähle, dass ich in mehr als einer Nacht auf die Knie niederfiel und Gott, den Allmächtigen, um Erleuchtung und Rat anflehte. Und dann, spät eines nachts, erkannte ich plötzlich - fragen Sie mich bitte nicht, wie dies geschah - Folgendes: 1. Dass wir sie [die Philippinen] nicht an Spanien zurückgeben könnten - das würde feige und schändlich sein. 2. Dass wir sie nicht an Frankreich oder Deutschland übergeben könnten - unseren Handelskonkurrenten im Fernen Osten -, dann wären wir keine guten Kaufleute und es wäre entehrend. 3. Dass wir sie nicht sich selbst überlassen könnten - sie wären unfähig, sich selbst zu regieren - und es würde dort drüben bald eine schlimmere Anarchie und Missregierung herrschen als zur Zeit der Spanier. 4. Dass uns nichts übrig bliebe, als sie ganz zu übernehmen, die Philippiner zu erziehen, ihr geistiges Niveau zu heben und sie zu christianisieren sowie mit Gottes Gnade das Beste zu tun, was wir für sie als unsere Mitmenschen, für die Christus gestorben ist, tun können."

William McKinley, Präsident der Vereinigten Staaten, 1899

aus: „Killing Hope – Zerstörung einer Hoffnung" (2016) von William Blum, Seite 73

„Zum gegenwärtigen Zeitpunkt der Weltgeschichte muss fast jede Nation zwischen alternativen Lebensformen wählen. Nur zu oft ist diese Wahl nicht frei. Die eine Lebensform gründet sich auf den Willen der Mehrheit und ist gekennzeichnet durch freie Institutionen, repräsentative Regierungsform, freie Wahlen, Garantien für die persönliche Freiheit, Rede- und Religionsfreiheit und Freiheit von politischer Unterdrückung. Die andere Lebensform gründet sich auf den Willen einer Minderheit, den diese der Mehrheit gewaltsam aufzwingt. Sie stützt sich auf Terror und Unterdrückung, auf die Zensur von Presse und Rundfunk, auf manipulierte Wahlen und auf den Entzug der persönlichen Freiheiten. Ich glaube, es muss die Politik der Vereinigten Staaten sein, freien Völkern beizustehen, die sich der angestrebten Unterwerfung durch bewaffnete Minderheiten oder durch äußeren Druck widersetzen. Ich glaube, wir müssen allen freien Völkern helfen, damit sie ihre Geschicke auf ihre Weise selbst bestimmen können. Unter einem solchen Beistand verstehe ich vor allem wirtschaftliche und finanzielle Hilfe, die die Grundlage für wirtschaftliche Stabilität und geordnete politische Verhältnisse bildet. Die Welt ist nicht statisch und der Status quo ist nicht heilig. Aber wir können keine Veränderungen des status quo erlauben, die durch Zwangsmethoden oder Tricks wie der politischen Infiltration unter Verletzung der Charta der Vereinten Nationen erfolgen. Wenn sie freien und unabhängigen Nationen helfen, ihre Freiheit zu bewahren, verwirklichen die Vereinigten Staaten die Prinzipien der Vereinten Nationen. Die freien Völker der Welt rechnen auf unsere Unterstützung in ihrem Kampf um die Freiheit. Wenn wir in unserer Führungsrolle zaudern, gefährden wir den Frieden der Welt - und wir schaden mit Sicherheit der Wohlfahrt unserer eigenen Nation. ..."

Rede des US-amerikanischen Präsidenten Harry S. TRUMAN (1884 – 1972)
vor dem US-Kongress am 12. März 1947 (sog. „Truman-Doktrin")

Christoph BERTRAM, ehemaliger Direktor des „International Institute for Strategic Studies" (IISS), plädiert für den Erhalt und eine strategische Neuausrichtung der Nato. **„Die Hauptfunktion der Nato ist nicht mehr die Wacht an unseren Grenzen** und nicht mehr der Kriegseinsatz. **Es ist die Stabilisierung fernerer Unruheregionen,** die auf die eine oder andere Weise für uns zur Gefahr werden könnten. Nur ist das eine völlig andere Allianz als die, welche immer noch durch unsere öffentlichen Debatten geistert, wie auch jetzt die über den Einsatz in Afghanistan."

http://www.zeit.de/online/2008/08/nato-kolumne-bertram
© ZEIT online 16.2.2008 - 09:51 Uhr

... Erst war von Horst Köhler monatelang nichts zu hören, dann sagte er, wir sollten den Krieg in Afghanistan auch vor dem Hintergrund von Handelsinteressen und Arbeitsplätzen in Deutschland sehen. Bitte?

Der Schlüsselsatz lautete: Er glaube, „dass wir auf dem Wege sind, auch in der Breite der Gesellschaft zu verstehen, dass ein Land unserer Größe mit dieser Außenhandelsorientierung und damit auch Außenhandelsabhängigkeit auch wissen muss, **dass im Zweifel, im Notfall auch militärischer Einsatz notwendig ist, um unsere Interessen zu wahren, zum Beispiel freie Handelswege, zum Beispiel regionale Instabilitäten zu verhindern, die mit Sicherheit auch auf unsere Chancen zurückschlagen negativ durch Handel, Arbeitsplätze und Einkommen".**

Was hat Horst Köhler zu dieser Äußerung getrieben? Köhler hat keineswegs eine neue Militärdoktrin verkündet. Er hat lediglich wiederholt, was seit vielen Jahren praktiziert wird: Schutz internationaler Handelswege im Sinne deutscher Wirtschaftsinteressen. Die EU-Marinemission Atalanta am Horn von Afrika verteidigt eben nicht die Sicherheit in Deutschland, sie sichert die Handelswege europäischer Konzerne. ...

http://www.handelsblatt.com/meinung/kommentare/koehlers-ruecktritt-wo-war-super-horst;2591607 am 31.5.2010

<u>Empfohlene Medien:</u>

- Dr. Andreas VON BÜLOW (geboren 1937, SPD, 1969 – 1994 Mitglied des Bundestages, 1980 – 1982 Bundesminister für Forschung)
    - Video „Terrorismus im Auftrag des Staates" (Dauer: 1:20:38 Stunde)

- Dr. Daniele GANSER (geboren 1972, Schweizer Historiker)
    - Buch „NATO-Geheimarmeen in Europa", 2008
    - Buch „Illegale Kriege. Wie die NATO-Länder die UNO sabotieren", 2016

- William BLUM (1933 – 2018, arbeitete im Außenministerium der USA)
    - Buch „Killing Hope. Zerstörung der Hoffnung – Globale Operationen der CIA seit dem 2. Weltkrieg", 2003

- Rezo (geboren 1992, Produzent von Webvideos)
    - Video „Die Zerstörung der CDU": https://youtu.be/4Y1lZQsyuSQ (Dauer: 54:57 Minuten)

- Jochen SCHOLZ (geboren 1943, ehemaliger Oberstleutnant der Bundeswehr)
    - Video: https://www.youtube.com/watch?v=x_KtLZ32-6U (Dauer: 1:22:30 Stunden)

③ Wer entscheidet über die Verteilung des Volkseinkommens (produzierte Güter und Dienstleistungen)? (Distributions-problem)

aus: „Fliegende Blätter" Band 1, Nr. 2, Seite 16 von 1845
Quelle: https://digi.ub.uni-heidelberg.de/diglit/fb1/0020/image

Ein Gespenst geht um in Europa – das Gespenst des Kommunismus. Alle Mächte des alten Europa haben sich zu einer heiligen Hetzjagd gegen dies Gespenst verbündet, der Papst und der Zar, Metternich und Guizot, französische Radikale und deutsche Polizisten.
Wo ist die Oppostitionspartei, die nicht von ihren regierenden Gegnern als kommunistisch verschrien worden wäre, wo die Oppositionspartei, die der fortgeschritteneren Oppositionsleuten sowohl wie ihren reaktionären Gegnern den brandmarkenden Vorwurf des Kommunismus nicht zurückgeschleudert hätte? …

Karl MARX / Friedrich ENGELS, in: Manifest der Kommunistischen Partei, (Seite 1

<u>Witz:</u>

> Österreichische Historiker fanden heraus, warum Robin Hood immer nur die Reichen beraubte. Das Ergebnis: Weil es bei den Armen nichts zu holen gab.

3.) Im März 1525 trafen sich in Memmingen etwa 50 Bauernvertreter des Baltringer Haufens, des Allgäuer Haufens und des Bodensee-Haufens, um über das gemeinsame Auftreten gegenüber dem Schwäbischen Bund zu beraten. Nach langen Beratungen verabschiedeten sie die Zwölf Artikel und verbreiteten diese in den nächsten Monaten in ganz Deutschland:

Zum Ersten ist unsere demütige Bitte und unser Begehr, auch unser aller Wille und Meinung, dass wir nun in Zukunft Gewalt und Macht haben, damit eine ganze Gemeinde ihren Pfarrer selbst wählen und einsetzen kann. Sie soll auch Vollmacht haben, ihn wieder abzusetzen, wenn er sich ungebührlich verhält. ...

Zum Zweiten: Da der Kornzehnt im Alten Testament festgelegt und im Neuen bestätigt ist, wollen wir den rechtmäßigen Kornzehnt gerne geben, doch wie es sich gebührt: Demnach soll man ihn Gott geben und auch den Seinen zuteil werden lassen. Somit gebührt er einem Pfarrer, der das Wort Gottes klar verkündet. ...

Zum Dritten ist es bisher Brauch gewesen, dass man uns für Leibeigene gehalten hat, was zum Erbarmen ist, angesichts dessen, dass uns Christus alle mit seinem kostbaren vergossenen Blut erlöst und erkauft hat, den Hirten ebenso wie den Höchsten, keinen ausgenommen. Darum ergibt sich aus der Schrift, dass wir frei sind und sein sollen. ...

Zum Vierten ist es bisher Brauch gewesen, dass kein Bauer das Recht gehabt hat, Wild, Geflügel oder Fische in fließendem Wasser zu fangen, was uns ganz unziemlich unbrüderlich dünkt, sogar eigennützig und dem Wort Gottes nicht gemäß. ...

Zum Fünften sind wir auch wegen der Holznutzung beschwert. Denn unsere Herrschaften haben sich die Wälder allein angeeignet, und wenn der Bauer etwas braucht, muss er´s ums doppelte Geld kaufen. So ist unsere Meinung dazu: Was es auch immer für Wälder seien, die geistliche oder weltliche Herren besitzen, sie sollen, wenn diese sie nicht gekauft haben, der ganzen Gemeinde wieder anheim fallen. ...

Zum Sechsten sind wir hart beschwert durch die Dienste, die von Tag zu Tag vermehrt und täglich erweitert werden. Wir verlangen, dass man genügend Einsehen dafür hat und uns nicht dermaßen belastet, sondern uns gnädig so dienen lässt, wie schon unsere Eltern gedient haben, doch entsprechend dem Wortlaut des Evangeliums.

Zum Siebten wollen wir uns künftig von der Herrschaft keine weiteren Lasten auferlegen lassen, sondern man soll das Gut so besitzen, wie es von der Herrschaft von Rechts wegen verliehen wird, entsprechend der

Vereinbarung zwischen Herrn und Bauern. ...

Zum Achten sind wir dadurch beschwert, dass die Güter, und es gibt viele, die Güter besitzen, den Pachtzins nicht erbringen können, so dass die Bauern das Ihre darauf einbüßen und zu Grunde gehen. Wir verlangen, dass die Herrschaft diese Güter von einer Kommission ehrbarer Leute begutachten lässt und dann soll ein Pachtzins nach der Ertragsfähigkeit festgesetzt werden, damit der Bauer seine Arbeit nicht umsonst tue. ...

Zum Neunten sind wir durch die hohen Gerichtsbußen beschwert. Denn man stellt stets neue Satzungen auf. Man straft uns nicht auf Grund eines Tatbestandes, sondern zu Zeiten mit großer Missgunst und zu Zeiten nach Gunst. Es ist daher unsere Forderung, dass man uns auf Grund alter, geschriebener Satzung strafe, je nachdem, wie die Strafsache beschaffen ist, und nicht nach Willkür.

Zum Zehnten sind wir damit beschwert, dass etliche Herren sich Wiesen angeeignet haben, desgleichen Äcker, die der Gemeinde gehören. Diese werden wir wieder in unseren gemeinschaftlichen Besitz nehmen, es sei denn, dass man sie redlich gekauft hätte. Wenn man sie aber nicht rechtmäßig erworben hat, soll man sich gütlich und brüderlich miteinander vergleichen nach Lage der Dinge.

Zum Elften wollen wir den Brauch, genannt Todfall, ganz und gar abgeschafft haben. Wir wollen nicht mehr dulden noch weiterhin gestatten, dass man Witwen und Waisen gegen Gott und jede Ehre so schändlich etwas nehmen und sie berauben darf, wie es an vielen Orten in unterschiedlicher Art und Weise geschehen ist, und zwar von denen, die sie beschützen und beschirmen sollten. ...

Zum Zwölften ist unser Beschluss und unsere endgültige Meinung: Wenn einer oder mehrere Artikel hier aufgestellt sein sollten, die dem Wort Gottes nicht entsprechen, was wir aber nicht glauben, so soll man sie uns mit dem Wort Gottes als unzulässig nachweisen. Wir wollen dann von ihnen Abstand nehmen, wenn man uns das auf Grund der Schrift erklärt. ...

Ausführlicher Artikel: https://www.bommi2000.de/geschichte/16jh/1525/1525artikel.php

Interpretieren Sie diese Forderungen der Bauern! Welche der Artikel beinhalten politische Forderungen und welche wirtschaftliche Forderungen?

4.)

Seit Oktober 2018 organisieren die Gelbwesten in Frankreich eine Protestbewegung mit zunehmend sozialen Forderungen:

Höhere Progressivität bei der Einkommenssteuer (also mehr Abstufungen)

Mindestlohn von 1.300 Euro netto

Die großen Konzerne (McDonalds, Google, Amazon, Carrefour) sollen bei der Besteuerung großes Geld bezahlen, die kleinen Unternehmen kleines Geld.

Einheitliches Sozialversicherungssystem für alle

Keine weitere Erhöhung der Treibstoffsteuern

Keine Rente unter 1.200 Euro (monatlich)

Jeder, der auf französischem Gebiet arbeitet, muss den französischen Staatsbürgern gleichgestellt sein.

Die Anzahl der befristeten Arbeitsverträge für große Unternehmen muss begrenzt werden.

Beendigung des Programms der Steuergutschriften.

Bekämpfung der Fluchtursachen, die Migration erzwingen

Faire Behandlung von Asylbewerbern. Sie brauchen Unterkunft, Sicherheit, Nahrung und Bildung für Minderjährige.

Umsetzung einer Politik zur echten Integration.

Schaffung von Arbeitsplätzen für Arbeitslose

Erhöhung der Leistungen für Menschen mit Behinderung

Begrenzung der Mieten. Mehr bezahlbaren Wohnraum.

Verbot des Verkaufs staatlicher Grundstücke und Einrichtungen (etwa Flughäfen)

Die Einnahmen aus den Mautgebühren sollen vollständig für den Erhalt der Autobahnen, Straßen und Verkehrssicherheit verwendet werden.

Keine weiteren Schließungen von Bahnlinien, Postämtern, Schulen und Geburtskliniken.

Steigerung der Lebensqualität für ältere Menschen.

Volksentscheide sollen in die Verfassung aufgenommen werden.

Rente mit 60 Jahren. Alle Personen, die körperlich schwer arbeiten, ab 55 Jahren.

Ausführlicher Artikel: https://www.bommi2000.de/wirtkunde/gelbwesten.pdf

Interpretieren Sie diese Forderungen! Welche sind politische Forderungen und welche wirtschaftliche Forderungen?

2.2 Das Modell der freien Marktwirtschaft

Das Modell der freien Marktwirtschaft ist die Wirtschaftsordnung des klassischen Liberalismus (auch: Laissez-faire-
Wirtschaft), entwickelte sich Ende des 18. Jahrhunderts
während der industriellen Revolution in England und beruht auf
Gedanken des englischen Nationalökonomen Adam SMITH
(1723 – 1790).
In der freien Marktwirtschaft werden die Produktion und die
Verteilung selbstständig und gleichzeitig über den Markt
(Angebot und Nachfrage) abgestimmt und durch den Preis
reguliert. Der Staat verzichtet auf Eingriffe in den Wirtschafts-
ablauf und garantiert die Vertragsfreiheit, den freien Wettbewerb und ein funktionierendes Geldwesen.

Merkmale:
- Privateigentum an Produktionsmitteln
- Güter, Kredite und Arbeitskräfte regulieren sich über den
  Markt (Angebot und Nachfrage regulieren den Preis, Zins
  und Lohn.)
- Gewerbefreiheit (Jeder kann jedes Gewerbe eröffnen.)
- Vertragsfreiheit (Jeder darf Verträge aller Art abschließen.)

Vorteile:
- volle Entscheidungsfreiheit der Unternehmen und Haushalte
- freie Berufs- und Arbeitsplatzwahl, freie Standortwahl
- freie Verfügbarkeit über das Privateigentum, auch bei
  Produktionsmitteln

Nachteile:
- Benachteiligung Leistungsschwacher (keine sozial- und
  arbeitsrechtliche Absicherung, Arbeitslosigkeit hat
  Verelendung, Kinderarbeit, ... zur Folge)
  → pdf-Datei „Die Lage der arbeitenden Klasse in England,
  1845" (11 Seiten)
- Marktversagen bei der Bereitstellung öffentlicher Güter (Konjunkturschwankungen, Monopole können Preise festsetzen)
- Keine Berücksichtigung externer Kosten in den Kosten-
  rechnungen der Unternehmen, z. B. Umweltverschmutzung.

Letztlich scheiterte der klassische Liberalismus an den nicht gelösten Problemen:

- Verelendung großer Bevölkerungsteile,

- Kinderarbeit,

- überlange Arbeitszeiten,

- geringe Entlohnung,

- unzureichende soziale Absicherung (Krankheit, Unfall, Nichterwerbstätigkeit, Tod),

- Geringe Versorgung der Bevölkerung mit öffentlichen Gütern (Schulen, Krankenhäuser, Wohnraum, Infrastruktur),

- Massenarbeitslosigkeit in Konjunkturkrisen.

> Die Demokratie, die Heilige Kuh der modernen Welt, befindet sich in der Krise. Und es ist eine tiefgreifende Krise. Im Namen der Demokratie werden alle Arten von Verbrechen begangen. Aus ihr wurde wenig mehr als ein ausgehöhltes Wort, eine hübsche Schale, jeglichen Inhalts oder Sinns entleert. Sie ist so, wie man sie haben will.
> Die Demokratie ist die Hure der freien Welt, bereit, sich nach Wunsch an- und auszuziehen, bereit, die verschiedensten Geschmäcker zufrieden zu stellen. Man nutzt und missbraucht sie nach Belieben. Bis vor kurzem, noch in die 1980er Jahre hinein, schien es so, als könnte die Demokratie tatsächlich ein gewisses Maß an echter sozialer Gerechtigkeit gewährleisten.
> Aber moderne Demokratien existieren lange genug, und neoliberale Kapitalisten hatten genug Zeit, um zu lernen, wie man sie untergräbt. Sie verstehen sich meisterlich in der Technik, die Instrumente der Demokratie zu infiltrieren – die „unabhängige" Justiz, die „freie" (!) Presse, das Parlament – und sie zu ihren Zwecken umzuformen.
>
> Arundhati ROY (geboren 1961), indische Schriftstellerin

die vollständige Rede → „pdf-Datei" (13 Seiten)

Video-Tipp: „NEWW!! Volker Pispers – KANZLERAKTE" von Volker Pispers (Dauer: 1:00:00 Stunde), Link: https://www.youtube.com/watch?v=t-hftAtKRlY

2.3 Das Modell der Zentralverwaltungswirtschaft
(auch: zentrale Planwirtschaft)

Die idealtypische Wirtschaftsordnung der Zentralverwaltungswirtschaft ist ein Gegenmodell zur freien Marktwirtschaft.
Die wirtschaftliche Entscheidungskompetenz hat eine zentrale Planungsbehörde des Staates. Sie steht an der Spitze der hierarchisch gegliederten Volkswirtschaft.

Das Aufstellen des Volkswirtschaftsplanes setzt voraus, dass die staatliche Planungsbehörde detailgenaue Kenntnis über die vorhandenen Produktionsmittel und Arbeitskräfte hat. Diese Informationen gehen auf dem Instanzenweg an die zentrale Planbehörde.
In Abstimmung mit der politischen Führung (in der DDR: „die Partei- und Staatsführung") legt die zentrale Planbehörde die Produktionsziele in Jahresplänen (z. B. in 5-Jahres-Plänen) langfristig fest. Diese Ziele werden den nachgeordneten Instanzen mitgeteilt. Die notwendigen Produktionsfaktoren (Produktionsmittel, Rohstoffe, Arbeitskräfte) werden zugeteilt.

<u>Merkmale:</u>
- zentrale Planung, Lenkung und Kontrolle des gesamten wirtschaftlichen und gesellschaftlichen (Soziales, Kultur, Bildung und Wissenschaft) Geschehens
- Das Privateigentum an Produktionsmitteln ist weitgehend aufgehoben. (Staats- und Kollektiveigentum, Geld- und Kreditversorgung zentral durch den Staat)
- zentrale Verteilung der Produkte
- staatliche Preispolitik: Preise (für Güter und Dienstleistungen), Löhne (für Arbeit) und Zinsen (für Kapital und Kredite) werden zentral festgelegt.
- Oberstes Ziel allen wirtschaftlichen Handelns ist die Planerfüllung.
- Politik und Wirtschaft sind sehr eng verknüpft, teilweise identisch.

Vorteile:
- Der Staat verhindert die Ausbeutung der wirtschaftlich Schwachen.
- Alle Ressourcen (Produktionsmittel, Rohstoffe und Arbeitskräfte) werden verplant.
- Keine Arbeitslosigkeit, da jede Arbeitskraft "verplant" wird.
- keine Konjunkturschwankungen
- Güter des Grundbedarfs (Grundnahrungsmittel, Wohnraum, Fahrpreise) können verbilligt werden.

Nachteile:
- Planungsbehörde muss alles entscheiden, was in der Marktwirtschaft durch die einzelnen Unternehmen und Haushalte realisiert wird.
- schweres Überblicken und Vorplanen einer gesamten Volkswirtschaft
- aufwendiger Planungsapparat notwendig
- zu langsames Reagieren auf Marktnachfragen
- keine freie Wahl von Beruf und Arbeitsplatz
- mangelnder Leistungsanreiz, geringe Motivation der Arbeitnehmer
- Ineffizientes Preissystem, das die Knappheit der Güter und Produktionsfaktoren (Arbeit, Kapital) nicht marktgerecht widerspiegelt.
- geringe Auswahl an Konsumgütern
- Versorgungslücken
- Finanzieren des Konsums auf Kosten von unterlassenen Investitionen führt zu maroden Produktionsanlagen und Infrastruktur (Straßen, Schienen, Wasser- und Elektroenergieversorgung, Telefonanlagen).

Beispiele:
- Wirtschaftsordnungen der sozialistischen Staaten
- Während des 2. Weltkrieges führten viele westliche Länder planwirtschaftliche Elemente ein, um die Produktion und die Verteilung der Güter den Erfordernissen der Kriegsführung unterzuordnen.

<table>
<tr><td colspan="3">5.) Kreuzen Sie jeweils an, welche Aussage zur Wirtschaftsordnung richtig ist!</td></tr>
<tr><td></td><th>freie Marktwirtschaft</th><th>Planwirtschaft</th></tr>
<tr><td>Die Teilnehmer am Wirtschaftswettbewerb verfolgen nur eigennützige Ziele</td><td>X</td><td></td></tr>
<tr><td>Der Staat sorgt nur für die Rahmenbedingungen.</td><td>X</td><td></td></tr>
<tr><td>Preise, Löhne und Zinsen werden festgesetzt.</td><td></td><td>X</td></tr>
<tr><td>Verdrängen der Konkurrenten durch Dumpingpreise</td><td>X</td><td></td></tr>
<tr><td>Die Steuerungsfunktion des Geldes wirkt nicht.</td><td></td><td>X</td></tr>
<tr><td>Produktionsmittel weitgehend in privater Hand</td><td>X</td><td></td></tr>
<tr><td>zentrale Planung, Lenkung und Kontrolle der gesamten Wirtschaft durch den Staat</td><td></td><td>X</td></tr>
<tr><td>alle Produktionsmittel sind in der Hand des Staates</td><td></td><td>X</td></tr>
<tr><td>Oberstes Ziel des wirtschaftlichen Handelns ist die Planerfüllung.</td><td></td><td>X</td></tr>
<tr><td>Verbraucher bestimmen Nachfrage und Produktion.</td><td>X</td><td></td></tr>
<tr><td>Angebot und Nachfrage regulieren den Preis.</td><td>X</td><td></td></tr>
</table>

Witz: Ein SED-Parteisekretär stirbt und kommt in die Hölle. Dort trifft er seine Genossen. „Hier ist es sehr gemütlich, seit der Sozialismus Einzug hielt. Mal gibt es kein Pech, mal keinen Schwefel, dann kein Holz oder keine Kohlen. Und wenn wirklich einmal alles da ist, muss der Heizer zum Parteilehrjahr."

Witz: Was passiert wenn die Sahara sozialistisch wird? – Die ersten zehn Jahre passiert gar nichts, aber dann wird der Sand allmählich knapp.

2.4   Die soziale Marktwirtschaft

Die soziale Marktwirtschaft soll das Prinzip der Freiheit auf dem Markt mit dem Prinzip des sozialen Ausgleichs verbinden.
Nach Alfred MÜLLER-ARMACK ist die soziale Marktwirtschaft eine Wirtschaftsordnung, die auf der Grundlage eines funktionierenden Wettbewerbs die rechtsstaatlich gesicherte Freiheit, die wirtschaftliche Freiheit und die freie Initiative mit dem gesicherten sozialen Fortschritt verbindet.
In der Bundesrepublik Deutschland wurden die Prinzipien der marktwirtschaftlichen Ordnung (Privateigentum an Produktionsmitteln, Produktions- und Handelsfreiheit, Gewerbefreiheit, Notenbankautonomie und stabiles Geld, freie Preisbildung, freie Löhne, freie Geschäfts- und Arbeitsbedingungen, Beschränkung staatlicher Wirtschaftspolitik auf Ordnungsfragen, Wettbewerbsfreiheit) durch eine soziale Komponente (soziale Sicherung, soziale Gerechtigkeit, Sozialstaatsprinzip) erweitert.

Grundprinzipien der sozialen Marktwirtschaft:

- **Wettbewerbspolitik**

    Immer wieder versuchen einzelne Anbieter (Unternehmen), durch Absprachen und Zusammenschlüsse ihre Wettbewerbssituation auf dem Markt zu verbessern. Durch diese Machtballung wird der Wettbewerb eingeschränkt und letztlich auch die freiheitliche Gesellschaftsordnung gefährdet. Aufgabe des Staates ist es daher, den Wettbewerb zu schützen. Das Gesetz gegen Wettbewerbsbeschränkungen (GWB, auch: Kartellgesetz) beinhaltet deshalb:
    - Verbot von Preisabsprachen, Gebietskartellen usw.
    - Verhindern von marktbeherrschenden Unternehmen
    - Fusionskontrolle

    Weitere Gesetze, die den Wettbewerb erhalten und die Verbraucher schützen sollen, sind das Rabattgesetz, das

Mieterschutzgesetz, das Gesetz über den Widerruf von Haustürgeschäften, das Patentgesetz, die Zugabeverordnung usw.

- **Einkommens- und Vermögenspolitik**

Die, die kein eigenes Einkommen erzielen (Alte, Kranke, Behinderte, Arbeitslose) sollen auch am erwirtschafteten Sozialprodukt teilhaben können. Deshalb greift der Staat korrigierend in die Einkommens- und Vermögensverteilung ein:

- Diejenigen, die mehr verdienen oder ein größeres Vermögen besitzen, zahlen absolut (in Euro) und prozentual mehr Steuern (Steuerprogression).
- Unterschiedliche Steuerklassen sollen die besonderen Verhältnisse (ledig oder verheiratet, keine Kinder oder Kinder) der Steuerpflichtigen berücksichtigen.
- Soziale Leistungen für bestimmte Einkommensgrenzen sind z. B.
  ... die Bausparförderung,
  ... die Wohnungsbauförderung
  ... das Wohngeld
- unentgeltliche Bereitstellung bestimmter öffentlicher Leistungen, z. B. Bildung

Aber: Zu starke Nivellierung der Einkommen dämpft die Leistungsbereitschaft der Leistungsfähigen!

- **Struktur- und Wachstumspolitik**

Der Staat fördert das wirtschaftliche Wachstum durch folgende Maßnahmen:

- Ausbau der Infrastruktur,
- Förderung von Bildung und Wissenschaft,
- Förderung des Technologietransfers.

Wirtschaftliches Wachstum ist immer mit Strukturwandel verbunden. Einzelne Wirtschaftszweige gewinnen oder verlieren an wirtschaftlicher und somit auch an beschäftigungspolitischer Bedeutung. Der Staat soll durch sektorale und regionale Strukturpolitik die negativen wirtschaftlichen und gesellschaftspolitischen Folgen dieser Strukturwandel mildern.

Staatliche Maßnahmen sollen Schwankungen von Wachstum und Beschäftigung ausgleichen:

- Staatsaufträge ersetzen in Krisenzeiten die mangelnde private Nachfrage.
- In Boom-Phasen drosselt der Staat durch Ausgabenkürzungen und Steuererhöhungen die Nachfrage. Dadurch wird konjunkturellen Überhitzungen entgegen gewirkt.

Wer in Not gerät, kann auf die Hilfe der Gemeinschaft rechnen:

- Das System der Sozialversicherung hilft bei Krankheit (Krankenversicherung, Pflegeversicherung), Arbeitslosigkeit (ALG und ALH), Arbeitsunfällen (Unfallversicherung) und im Alter (Rentenversicherung).
- Die Sozialhilfe hilft, wenn das Sozialversicherungssystem nicht ausreicht.
- Arbeitsschutzbestimmungen bewahren die Arbeitnehmer vor gesundheitsschädigenden oder gar menschenunwürdigen Arbeitsbedingungen: Kündigungsschutz, Arbeitszeitordnung, Ladenschlussgesetz, Mutterschutzgesetz, Jugendarbeitsschutzgesetz, Schwerbehindertengesetz, Gewerbeordnung.
- Zahlung des Kindergeldes
- Mitbestimmung im Arbeitsleben (Mitbestimmungsgesetze)
- Umweltschutz (Gesetz zum Gewässerschutz und zur Reinhaltung der Luft)

Unterhalten sich zwei Manager, was sie mit ihrem Weihnachtsgeld machten. Sagt der eine: „Ich kaufte mir eine Yacht, meine Frau bekam einen Porsche, den Rest legte ich in Aktien an." – Darauf der zweite: „Ich kaufte mir ein Flugzeug, meiner Frau einen Jaguar und der Rest ging in Festgeld."– Kommt der Pförtner im neuen Anzug. Fragen ihn die Manager, was er mit seinem Weihnachtgeld gemacht hat. Der Pförtner ganz stolz: „Ich kaufte mir einen neuen Anzug!" – „Und der Rest?", fragen die Manager. – „Ach, den hat die Oma drauf gelegt."

Franziskus kritisiert Weltwirtschaftssystem

Barcelona. Papst Franziskus hat das weltweite Wirtschaftssystem als „unerträglich" bezeichnet. „Wir schließen eine ganze Generation junger Leute aus", sagte das Oberhaupt der katholischen Kirche angesichts der hohen Jugendarbeitslosigkeit in vielen Ländern der Welt. Damit das System fortbestehen könne, müsse es Kriege führen, wie es die großen Imperien immer getan hätten. Die führenden Volkswirtschaften in der Welt sanierten ihre Bilanzen mit der Produktion und dem Verkauf von Waffen. Sie opferten den Menschen dem Idol des Geldes. Die Wirtschaft sollte im Dienst des Menschen stehen. Aber man habe das Geld in den Mittelpunkt gerückt, das Geld als Gott, betonte der Papst. (dpa)

aus: „Sächsische Zeitung" vom 14.6.2014

6.) **Nennen Sie Beispiele für die einschränkten Freiheitsrechte in der sozialen Marktwirtschaft!**

- Einschränkung der Verfügungsgewalt über das Eigentum
  - Mieterhöhungen sind nicht beliebig möglich (Mieterschutzgesetz)
  - keine Gewerberume in Wohngebieten (Bebauungspläne)

- Einschränkung der Vertragsfreiheit
  - Preisabsprachen sind verboten (Preiskartell)
  - Wucherzinsen sind sittenwidrig (BGB)
  - Allgemeine Geschäftsbedingungen unterliegen AGB-Gesetz.

- Einschränkungen der Niederlassungsfreiheit
  - Handwerker müssen Meisterprüfung haben (Handwerksordnung)
  - Ärzte, Anwälte, Architekten benötigen Zulassung ihrer Kammer.
  - Gaststätten benötigen Gesundheitszeugnisse.

7.) Welche der folgenden Aussagen steht für das sozialpolitische Element der sozialen Marktwirtschaft?

1	Es herrscht Konsumfreiheit.
2	Es besteht freie Berufs- und Arbeitsplatzwahl.
3	Das Eigentumsrecht wird garantiert.
4	Das Mutterschutzgesetz erfährt eine Ausweitung.
5	Es gelten die Vertrags- und Gewerbefreiheit.

4

8.) In welchem Fall trägt die vom Staat beschlossene Maßnahme direkt zu einer sozial gerechteren Einkommens- und Vermögensverteilung bei?

1	Der Staat erhöht die Arbeitnehmersparzulage.
2	Der Staat verbietet umweltbelastende Stoffe.
3	Der Staat verhängt Strafen wegen Preisabsprachen.
4	Der Staat bietet den Unternehmen steuerliche Vorteile.
5	Der Staat senkt das Kindergeld.

1

9.) Welche Aussage widerspricht dem System der Zentralverwaltungswirtschaft?

1	Die Produktionsmittel sind Eigentum der Gesellschaft.
2	Produktion und Verteilung werden von einer staatlichen Planungsbehörde festgelegt.
3	Grundsatz wirtschaftlichen Handelns ist das Prinzip der Planerfüllung.
4	Die Befriedigung der Bedürfnisse Einzelner ist wichtiger als das Wohl der Gemeinschaft.
5	Auszeichnungen und Prämien fördern die Leistungsbereitschaft.

4

10.) Welche Aussage zur sozialen Marktwirtschaft ist richtig?

1	Durch Vergesellschaftung der Produktionsmittel wird das persönliche Risiko auf viele Schultern verteilt.	
2	Einkommensschwache Gruppen erhalten staatliche Hilfen.	
3	Durch staatliche Lenkung der Produktion wird eine optimale Versorgung der Bevölkerung erreicht.	
4	Es gibt keine wettbewerbsordnende Gesetze.	
5	Der Staat betreibt keine eigene Konjunkturpolitik.	**2**

11.) Welche Aussage zu Wirtschaftsordnungen ist richtig?

1	Zu den Merkmalen der sozialen Marktwirtschaft gehören konjunktursteuernde Maßnahmen des Staates.	
2	Die Zentralverwaltungswirtschaft zielt auf Gewinnmaximierung.	
3	In der Zentralverwaltungswirtschaft gilt das erwerbswirtschaftliche Prinzip.	
4	In der sozialen Marktwirtschaft bestimmen allein Angebot und Nachfrage den Preis.	
5	Die Zentralverwaltungswirtschaft stellt das Individuum in den Mittelpunkt.	**1**

12.) Welche Aussage gilt für die soziale Marktwirtschaft?

1	Die Preise werden durch vollständige Konkurrenz bestimmt.	
2	Der Staat greift nicht in das Wirtschaftsgeschehen ein.	
3	Die Regierung legt die Geldmenge fest.	
4	Die Unternehmen haben Investitionsfreiheit.	
5	Im Wettbewerb gibt es keine Einschränkungen.	**4**

13.) Für welche Wirtschaftsordnung gilt der freie Wettbewerb, aber der Staat legt Rahmenbedingungen fest, die die wirtschaftlich Schwächeren schützen sollen?

1	sozialistische Planwirtschaft	4	Planwirtschaft
2	freie Marktwirtschaft	5	soziale Marktwirtschaft
3	Zentralverwaltungswirtschaft		**5**

14.) In welchem Beispiel liegt eine Wettbewerbsstörung im System der freien Marktwirtschaft vor?

1	Die marktführenden Unternehmen erhöhen zur gleichen Zeit die Preise um 5 %.
2	Die Regierung verwendet Steuermittel zur Förderung von Behindertenwerkstätten.
3	Ein Hersteller bietet seine Produkte zu wesentlich niedrigeren Preisen als die Konkurrenz an.
4	Um die Staatsausgaben zu finanzieren, werden die Steuern erhöht.
5	Für Kinder bis 6 Jahren ist der öffentlichen Nahverkehr kostenlos.

1

15.) Welches Merkmal steht für die soziale Marktwirtschaft?

1	staatliche Lohnfestsetzung und Vollbeschäftigungsgarantie
2	Zentralplanung und Vorgaben für die Leistungserstellung
3	kollektives Eigentum an allen Produktionsmitteln (Pm)
4	Privateigentum an den Pm, Sozialbindung des Eigentums
5	staatliche Preisfestsetzung

4

16.) In welchem Fall handelt es sich um einen Käufermarkt?

1	Trotz gestiegener Preise erhöht sich die inländische Nachfrage.
2	Bei unveränderter Nachfrage erhöht sich das Angebot und sinken die Preise aufgrund des Auftretens ausländischer Anbieter.
3	Wegen großer Ernteausfälle steigt der Preis für Weizen erheblich. Die Nachfrage der Verbraucher bleibt dennoch unverändert.
4	Ein Gut wurde bisher von zwei Anbietern angeboten. Wegen finanzieller Schwierigkeiten stellt ein Anbieter seinen Betrieb ein.
5	Nach einer Erhöhung der Kreditzinsen bleibt die Nachfrage nach Krediten unverändert.

2

17.) **Welche der folgenden Aussagen trifft auf einen vollkommenen Markt zu?**

1	Die angebotenen Güter sind von gleicher Art und Güte.
2	Die angebotenen Güter unterscheiden sich in Qualität und Ausstattung.
3	Ein Anbieter dominiert dank seiner Marktstellung den Preis.
4	Aufgrund des stark gegliederten Marktes ist es für die Nachfrager nicht möglich, die Angebote der Anbieter kennen zu lernen.
5	Die Nachfrager bevorzugen einen Anbieter wegen der zuvorkommenden fachlichen Beratung.

1

18.) **Welche Aussage über das Marktgeschehen in der sozialen Marktwirtschaft ist richtig?**

1	Da die Preise durch Angebot und Nachfrage bestimmt werden, erübrigt sich ein Preisvergleich durch die Verbraucher.
2	Das Verbraucherverhalten kann die Preise beeinflussen.
3	Die Preisauszeichnungspflicht garantiert verbraucherfreundliche Preise.
4	Höchst- und Mindestpreise werden vom Kartellamt bestimmt.
5	Alle Preise werden durch vollständige Konkurrenz bestimmt.

2

Witz:
> Das wunderbare Wirtschaftssystem, in dem wir alle leben dürfen, hat viele Namen: Manche sagen Kapitalismus, manche sagen freie Marktwirtschaft, andere sagen soziale Marktwirtschaft oder freie soziale Marktwirtschaft oder sozial freie Marktswirtschaft – Schweinesystem genannt. Ich bevorzuge den Begriff Kapitalismus.
>
> Volker PISPERS (geboren 1958), deutscher Kabarettist

Witz:
> Es gibt Staubsaugervertreter, die verkaufen Staubsauger.
> Es gibt Versicherungsvertreter, die verkaufen Versicherungen.
> Und dann gibt es noch die Volksvertreter …

3   Das Magische Viereck

Das Magische Viereck ist ein volkswirtschaftliches Modell, das aus vier wirtschaftspolitischen Zielen besteht:

- angemessenes und stetiges Wirtschaftswachstum (Ideal sind etwa 2,5 bis 3 %.),
- Preisniveaustabilität (Bei etwa 2 % Preissteigerungsrate gilt dieses Ziel als erfüllt.),
- hoher Beschäftigungsstand,
- außenwirtschaftliches Gleichgewicht (Ideal ist es, wenn sich Exporte und Importe ausgleichen).

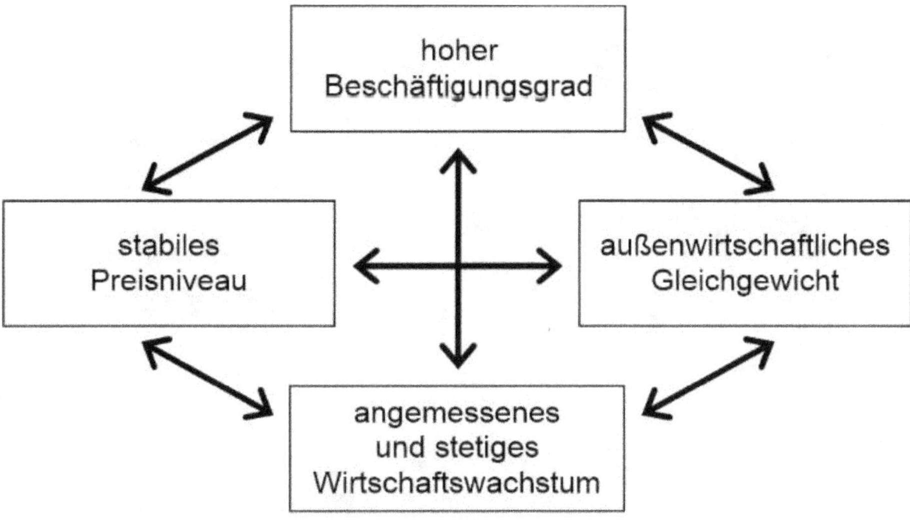

Ausgehend vom Modell des Magischen Vierecks mit den vier o. g. wirtschaftspolitischen Zielen kann ein Magisches Fünf-, Sechs-, Sieben-, Acht- oder gar Neuneck erstellt werden mit den zusätzlichen wirtschaftspolitischen Zielen:

- ausgeglichene öffentliche Haushalte,
- gerechte Einkommensverteilung,
- Erhaltung einer lebenswerten Umwelt,
- humane Arbeitsbedingungen,
- Sicherung von Ressourcen.

Die einzelnen o. g. Ziele konkurrieren gegeneinander, z. B. die beiden Ziele angemessenes stetiges Wirtschaftswachstum und Erhaltung einer lebenswerten Umwelt.
Je umfangreicher produziert wird, desto mehr Abfälle, Abwässer, Abgase entstehen. Diese belasten die Umwelt (z. B. Smog, verseuchtes Grundwasser, Waldsterben, Ozonloch, Erderwärmung) und führen zu gesundheitlichen Beeinträchtigungen (z. B. Hauterkrankungen, Allergien, Krebs).